찰리북 블로그에서 독후 활동지를 내려받으세요.

하루 동안 떠나는 수학 여행

수학이 정말 우리 세상 곳곳에 있다고?

후안 사비아 글 | 파블로 피시크 그림
최유정 옮김 | 이동환 감수·추천

찰리북

Matemática hasta en la sopa

Text by Juan Sabia
Illustrations by Pablo Picyk
© ediciones iamiqué, 2017
First Published in Spainish Language by ediciones iamiqué, 2017
All rights reserved.
Korean translation copyright © Charlie Book, 2018
Korean translation rights arranged with ediciones iamiqué through The ChoiceMaker Korea Co.

이 책의 한국어판 저작권은 초이스메이커코리아를 통한 저작권사와의 독점 계약으로 찰리북에 있습니다. 신 저작권법에 의해 한국 내에서 보호를 받는 저작물이므로 무단 전재와 복제를 금합니다.

하루 동안 떠나는 수학 여행
수학이 정말 우리 세상 곳곳에 있다고?

1판 1쇄 발행 | 2018년 11월 30일
1판 6쇄 발행 | 2025년 4월 15일

글 | 후안 사비아 그림 | 파블로 피시크 옮김 | 최유정 감수·추천 | 이동환
펴낸이 | 박철준 편집 | 신지원 디자인 | 꽁 디자인
펴낸곳 | 찰리북 등록 | 2008년 7월 23일 (제313-2008-115호)
주소 | 서울시 마포구 동교로18길 33, 201 (서교동, 그린홈)
전화 | 02)325-6743 팩스 | 02)324-6743 전자우편 | charliebook@gmail.com
블로그 | blog.naver.com/charliebook 인스타그램 | instagram.com/charliebook_insta
ISBN 978-89-94368-94-8 73410
　　　979-11-6452-015-2 (세트)

※ 잘못된 책은 구입하신 곳에서 바꾸어 드립니다.
※ 이 책의 국립중앙도서관 출판시도서목록(CIP)은 서지정보유통지원시스템 홈페이지(http://seoji.nl.go.kr)와 국가자료공동목록시스템(http://www.nl.go.kr/kolisnet)에서 이용하실 수 있습니다.(CIP제어번호 : CIP2018030476)

어린이제품특별안전법에 의한 제품 표시	
제조사명 찰리북	전화번호 02-325-6743
제조국명 대한민국	주　소 서울시 마포구 동교로18길
사용연령 만 7세 이상 어린이 제품	33, 201 (서교동, 그린홈)

14:00	백분위가 뭘 보여 주는지 아니?	6
14:10	윤년은 왜 있나요?	8
14:30	광년이 뭘까?	10
15:00	비디오 게임에도 수학이 있나요? ✓	12
15:20	스포츠에도 수학이 있나요?	14
16:30	체스에도 수학이 있는 건 아니죠?	16
17:15	거리의 숫자들은 어떤 정보를 주나요?	18
17:30	1리터는 1킬로그램과 같지 않나요?	20
17:40	지폐와 '강아지'라는 단어의 공통점이 뭘까?	22
18:00	달걀은 왜 12알씩 팔아요?	24
18:20	머리카락 개수가 똑같은 사람이 있을까요?	26
18:30	비 올 확률은 어떻게 계산하나요?	28
18:45	종이 한 장으로 달에 닿을 수 있다고요?	30
19:00	시청률이 뭐죠?	32
19:30	지도를 색칠하려면 몇 가지 색깔이 필요할까?	34
19:50	지도의 축척은 어디에 쓰이나요? ✗	36
20:00	수학에도 전설이 있나요?	38
20:10	원은 뭐가 특별하죠?	40
20:30	수학자는 무얼 할 줄 알죠?	42
21:00	피데오 수프에는 얼마나 많은 피데오 국수가 들어 있나요?	44
21:30	수학을 위해 축배를!	46

나의 조카 손주들에게

안녕!

내 이름은 후안이고, 직업은 수학자랍니다.
2월 29일에 내가 겪은 일을 이야기해 주고 싶네요.

그날 내 조카가 아들인 마르코스를 오후 동안 돌봐 달라고
부탁하더군요. 마르코스는 여덟 살인데요, 그날까지 한 번도
나와 단둘이 있어 본 적이 없었죠. 우리 집 복도에서 두 사람을
기다리고 있는데 엘리베이터 안에서 마르코스가 엄마와 나누는
이야기가 들려왔어요.
글쎄, 마르코스가 "수학은 아무 쓸모도 없고, 지루해요……."라고
말하지 뭐예요. 우선 나는 아무 말도 못 들은 척했어요. 하지만
마르코스에게 수학이 우리가 하는 거의 모든 일에 존재하고,
심지어 재미있을 수도 있다는 걸 보여 주기로 결심했죠.

그리고 이건 바로 그날 있었던 이야기랍니다.

14:00

"와, 키가 훌쩍 자랐구나!"
나는 마르코스의 엄마가 나가자마자
마르코스에게 말했어요.
아이들은 자기가 얼마나 자랐는지
알아봐 주는 사람을 좋아한다는 걸
알고 있었거든요.
"제 키의 백분위는 62예요."
마르코스가 어깨를 으쓱하며
대답했어요.

"백분위가 뭘 보여
주는지 아니?"

"네가 너와 성별과 나이가 같은 99명의 친구들과 모여 있고, 너를 포함한 100명의 친구들이 키가 작은 순서대로 줄을 섰다고 해 보자. 제일 앞에 선 친구의 키는 백분위가 0이란다. 그 친구 앞에는 아무도 없기 때문이지. 두 번째 자리에 선 친구의 키는 백분위가 1이야. 앞에 한 명의 친구가 있으니까. 만약에 네 키의 백분위가 62라면 그 줄의 63번째 자리가 바로 네 자리란다. 네 앞에 너보다 키가 작은 62명의 친구들이 있겠지. 네 키의 백분위를 알기 위해 실제로 이렇게 100명의 친구들을 모을 필요도, 그 친구들을 줄 세울 필요도 없어. 백분위라는 개념만으로 동갑내기들 사이에서 네 자리를 정할 수 있거든. 네 키가 얼마인지만 알면 돼. 수많은 아이의 데이터를 바탕으로 만들어진 표에 네 키 값을 넣으면 아무런 계산을 하지 않고서도 네 키의 백분위를 알아낼 수 있거든. 백분위는 항상 0에서 100 사이에 있는 어느 한 숫자인데, 전체 수량을 100으로 볼 때 차지하는 비율을 나타내는 백분율의 한 종류이기 때문이지. 다시 말해, **백분위는 집단의 크기를 100명으로 생각했을 때 순위를 나타내는 숫자**란다. 만약에 네 키의 백분위가 62라면 네 키는 대략 너와 동갑인 아이들의 62퍼센트보다는 크고, 38퍼센트보다는 작은 거야. 이 값은 네 키가 정상적으로 성장하고 있는지 그렇지 않은지 판단할 수 있게 도와준단다."

정상인 게 뭔지 어떻게 알까요?

혈압이나 몸무게의 '정상' 값이 뭔지 알기 위해서 전문가들이 수많은 통계를 내요. 예를 들어 건강한 사람의 체온을 엄청 많이 재고 나서 사람의 정상 체온은 36.1도에서 37.2도 사이라고 여기게 되었죠. 그러니 내 체온이 이 범위를 벗어나면 몸에 무슨 일이 생긴 건지 알아봐야 해요.

14:10

"우리는 오늘을 최대한 잘 이용해야 해. 오직 윤년에만 2월 29일이 있거든." 내가 이렇게 말했더니 마르코스가 질문했죠.

"윤년은 왜 있나요?"

8

"1년이란, 지구가 태양 둘레를 한 바퀴 도는데 걸리는 시간이란다. 1년은 보통 365일로 이루어지는데, 엄밀히 말하면 지구가 태양을 한 바퀴 도는데 걸리는 시간은 365일하고도 약 6시간 정도가 더 걸려. 1년에 6시간 차이가 나니 2년마다 12시간, 3년마다 18시간, 4년마다 24시간의 시간 차가 생기지. 하루가 24시간이니까 이런 차이로 온전한 하루가 생기는 거야! 어때, 쉽지? 만약에 1년이 항상 365일이라면 4년마다 만 하루라는 시간 차이가 생기겠지? 그래서 **지구가 태양을 네 번 돌 때마다 달력에서 사라지는 하루를 되찾기 위해 윤년이 탄생되었어. 거의 항상** 4년마다 2월에는 하루가 더 있어. 그때 2월은 28일이 아니라 29일까지 있지."

365일 5시간 48분 45초……

왜 항상이 아니라 '거의 항상'일까요?

지구가 태양의 둘레를 완전히 한 바퀴 돌려면 365일 5시간 48분 45초 그리고 아주 조금 더 시간이 걸려요. 거의 여섯 시간인 거지 딱 여섯 시간은 아닌 거죠. 달력이 더 앞당겨지거나 더 늦춰지지 않도록 어느 해가 윤년인지 결정하는 규칙은 조금 복잡해요. 수학을 더 많이 이용하죠. 만약에 어느 해가 4로 나누어떨어지고 00으로 끝나지 않는다면 윤년이에요. 끝자리가 00으로 끝난다면 400으로 나누어떨어지는 해만 오직 윤년이죠. 예를 들어 볼게요. 2016년은 4로 나누어떨어지고 16으로 끝나니까 윤년이에요. 1900년은 400으로 나누어떨어지지 않기 때문에 평년이죠. 반면 2000년은 00으로 끝나지만 400으로 나누어떨어지므로 윤년이에요.

14:30

나는 1년에 대해 마르코스에게 뭘 더 이야기해 줄 수 있을까 생각하다가 아이들에게 빼놓지 않고 꼭 하는 질문을 던졌어요.
"너는 커서 뭐가 될 거니?"
"아직 잘 모르겠어요……. 다 크려면 수 광년이나 남았는걸요."

"광년이 뭘까?"

안드로메다!

"빛은 굉장히 빨리 움직인단다. 너무나 빨라서 너는 알아채지도 못해. 불과 1초 사이에 30만 킬로미터 가까이 달려가거든. 광년은 이름 때문에 시간의 흐름을 보여 주는 것처럼 보이지만 거리를 나타내는 단위란다. **1광년이란 빛이 1년 동안 나아가는 거리야.** 대략 9조 4600억 킬로미터의 거리지. 천문학자들은 행성, 별, 은하계들 사이에 놓인 거리처럼 어마어마하게 먼 거리를 잴 때 바로 광년이라는 단위를 이용해. 이 단위 덕분에 계산이 간단해지지. 우주의 거리는 너무나 멀어서 몇 광년일지라도 사실 엄청나게 큰 숫자란다. 예를 들어, 지구와 안드로메다은하 사이의 거리는 대략 250만 광년이야. 그건 말이지, 만약에 지금 당장 아주 강력한 레이저를 안드로메다은하에 쏜다면 빛이 거기까지 도착하는 데 250만 년이 걸린다는 뜻이야!"

소리도 여행을 해요

소리는 빛보다 훨씬 더 천천히 여행해요. 그래서 불꽃놀이를 볼 때 불꽃을 먼저 본 다음에 폭죽 터지는 소리를 듣는 거죠. 천둥이 칠 때 번개가 친 다음 아주 조금 뒤에 천둥소리가 들리는 이유도 이 때문이에요.

100000000000000

다른 큰 숫자들

구골은 엄청나게 큰 숫자예요. 1뒤에 0이 100개나 달려 있죠. 구골플렉스는 1뒤에 0이 구골 개만큼 붙어 있는 숫자예요. 이 숫자를 다 적으려면 우리가 아는 우주만큼의 공간으로도 모자라요! 하지만 숫자는 절대로 끝이 나지 않는 까닭에 언제나 1을 더할 수 있고, 언제나 하나 더 큰 수를 얻어 낼 수 있어요.

15:00

마르코스는 콘솔 비디오 게임기를 가져왔더군요. 내가 게임기를 연결하는 사이에 마르코스가 질문했어요.

"비디오 게임에도 수학이 있나요?"

"비디오 게임을 만든 사람들은 이미지가 게임을 하는 사람의 지시에 응답하도록 비디오 게임을 설계했단다. 누군가 계산기에 2+2라고 누르면 계산기가 4라고 답하는 것처럼 비디오 게임기의 점프 버튼을 누르면 게임 캐릭터가 뛰어오르는 거지. 아울러 만약에 게임 캐릭터가 계속 달리고 있는 상태에서 네가 게임 캐릭터에게 뛰어오르라고 명령을 내리면 게임 캐릭터가 공중에 곡선을 그리면서 뛰어오를 거야. 그 곡선은 바로 수학 공식으로 만들어지는 거란다! 동작을 멈출 때, 방향을 돌릴 때, 낭떠러지로 떨어질 때 등등 전부 다 계산이 들어 있어. 다시 말해 네가 게임을 하고 있을 때 **프로그램은 너도 모르게 수많은 계산을 하고 있다는거란다.** 게임 캐릭터가 어떻게 뛰어올랐는지에 따라 어디에서 넘어져야 하는지 계산하고, 얼마만큼의 힘과 각도로 당구공을 쳤을 때 공이 어떻게 쏜살같이 굴러가는지 계산하지. 또 네가 자동차 핸들에 갑작스레 힘을 가했을 때 화면 속 주행 도로의 모습이 어떻게 변하는지 계산한단다. 다행히도 네가 진짜로 운전하고 있는 건 아니지만 말이야."

영화에서도……

〈겨울왕국〉, 〈코코〉와 같은 애니메이션 영화도 컴퓨터 프로그램으로 만들어진다는 것을 알고 있나요? 그림들이 자연스럽게 움직이는 것처럼 보이기 위해 컴퓨터 프로그램이 어마어마하게 많은 계산을 한 거랍니다. 미국의 수학자 로널드 페드윅은 애니메이션 기술 부문에서의 업적으로 2007년 아카데미 영화제에서 과학 기술상을 수상했어요.

15:20

우리는 일단 축구 게임을 하기로 했어요.
조작법을 익히고 있는 내게 마르코스가
계속 질문했어요.

"스포츠에도 수학이 있나요?"

"스포츠 경기에서 누가 이기는지 정하기 위해서 거의 항상 **뭔가가 계산된단다**. 축구에서는 골이, 농구에서는 득점이, 골프에서는 타수가, 야구에서는 홈 베이스로 뛰어들어오는 것이 계산되지. 또한 창던지기에서는 거리가, 장대높이뛰기에서는 높이가, 자동차 경주에서는 소요 시간이, 역도에서는 역기의 무게가 측정된단다. 체조와 같은 경우에는 1등을 결정하기 위해서 심판단이 각 참가 선수의 점수를 매기지.

다시 또 숫자야! 만약에 두 팀이 한 번에 승부를 겨루는 단일 경기가 아니라 여러 팀이 여러 번 경기를 해서 우승팀을 가리는 **토너먼트 경기라면 더 많은 계산을 해야 하지**. 대부분의 축구 토너먼트 경기는 각 경기마다 이긴 팀이 3점을 획득하고, 비기면 1점을 받고, 지면 점수를 받지 않아. 최종적으로 가장 높은 점수를 가진 팀이 이기지만 1위 자리에 한 팀 이상이 있다면 최종 우승팀을 가리기 위해 더 많은 경기가 치러지지. 1위가 아닌 다른 순위의 점수가 같다면 훨씬 많은 계산을 해서 순위를 결정하게 된단다. 누가 먼저 더 큰 차이로 승리했고 더 적은 차이로 패했는지가 계속 계산되는 거야. 만약에 계속해서 동률이라면…… 계속 득점을 비교하고, 계산하면서 순위를 정하지. 4년마다 치러지는 월드컵을 생각하면 이해하기 쉬울 거야!"

스포츠에 있는 또 다른 계산들

골프에서는 공을 최대한 적게 치면서 골프장 안에 있는 모든 구멍에 공을 집어넣는 것을 목표로 해요. 골프에는 핸디캡이라는 제도가 있는데 각 구멍에 공을 넣을 때마다 그 사람이 친 총 타수에서 일정한 숫자만큼 빼는 거예요. 각 선수의 성적을 통계 내어 정하죠. 실력이 좋은 사람은 핸디캡이 낮고, 초보자는 핸디캡이 높아요. 승부를 겨뤄야 하는 대회가 아닌 경우 모든 사람이 실력에 상관없이 골프를 즐길 수 있게 만든 거예요.

8276

16:30

나는 축구 게임에서 한 골 먹는 바람에 졌어요.
설욕하기 위해 마르코스에게 테이블 게임을
하자고 했죠.
"하지만 수학이 아닌 걸로 해요."
"그럼 체스 하자!"
내가 체스 판을 찾는 사이에 마르코스는
고개를 갸우뚱하며 이렇게 질문했어요.

"체스에도 수학이 있는 건 아니죠?"

> 언뜻 보기에 아주 단순한 게임으로 보이는 삼목 게임*에서조차 절대 지지 않고 게임을 하는 방법이 존재한단다. 그 방법은 바로 수학을 활용하는 거야. 그렇지만 그 방법은 한 가지 문제점을 갖고 있어. 두 선수 모두 그 방법을 잘 알고 있고 둘 다 그것을 사용한다면 아무도 지지 않고 경기는 항상 비기게 되거든. 지루하지, 안 그래? 2007년에 캐나다의 수학자 조나단 쉐퍼와 그의 연구팀은 이기는 방법을 아는 선수가 결코 게임에서 지지 않는 아주 복잡한 방법이 하나 있다는 걸 체스로 증명했단다. 이것을 증명하기 위해서 18년이 넘는 시간 동안 여러 대의 컴퓨터로 계산 프로그램을 동시에 실행시켰지."

게임과 이론

게임 이론이란 게임과 전략을 연구하는 수학의 한 분야예요. 삼목 게임이나 체스뿐만 아니라 다른 게임들도 연구하죠. 1994년에 수학자 존 내시는 게임 이론을 연구한 성과로 노벨 경제학상을 수상했답니다.

---

* 삼목 게임: 가로 세로 세 칸씩 총 아홉 개의 칸에 두 명이 번갈아 가며 ○와 X를 써서 가로, 세로, 혹은 대각선으로 한 줄을 같은 글자로 먼저 채우는 사람이 이기는 게임.

체스와 밀알

체스는 64개의 칸이 그려진 보드판 위에서 이뤄져요. 전설에 따르면 옛날에 어느 왕이 체스를 발명한 사람에게 이렇게 굉장한 것을 발명한 것에 대한 보상으로 원하는 것을 물어봤다고 해요. 그 사람은 이렇게 대답했죠. "첫 번째 칸에는 밀알 한 알을, 두 번째 칸에는 두 알을, 세 번째 칸에는 네 알을, 이렇게 계속해서 마지막 칸에 도달할 때까지 매번 두 배씩 늘려서 밀알을 채워주십시오." 체스 발명가가 요청한 계산으로 보드판 위 64개의 칸을 다 채우려면 18경 이상의 밀알이 필요했어요. 전 세계에서 수천 년 이상 밀알을 생산해도 모자랐죠. 부자가 되기 위한 정말 좋은 전략이죠!

17:15

마르코스는 자신의 승리와 나의 패배를 함께 축하하자고 했어요. 지도 어플리케이션으로 찾아보니 집에서 가장 가까운 아이스크림 가게가 추린체 거리 799번지에 있더군요. 나는 추린체 거리 501번지에 살고 있기 때문에 마르코스에게 이렇게 이야기했어요.
"길을 건너지 않고 쭉 가다 보면 아이스크림 가게가 하나 있단다."

"거리의 숫자들은 어떤 정보를 주나요?"

"대부분의 도시들처럼 내가 사는 이 도시도 거리마다 집의 번지수가 작은 번호에서 큰 번호 순으로 매겨져 있고, 각 구역마다 100개의 번지가 있단다. 나는 501번지에 살고 있으니까 우리 집 주변의 집들에는 500 몇 번지라는 번지수가 붙어 있겠지. 아이스크림 가게에 도착할 때까지 우리는 500번지와 600번지, 그리고 700번지 구역을 모두 가로질러 지나가야만 해. 왜냐하면 아이스크림 가게는 799번지니까, 다시 말해 700번지 구역의 가장 마지막 번지에 있으니까 우리는 해당 구역을 통째로 다 걸어야만 하지. 다 해서 세 구역 거리란다. 더불어 골목길 한쪽 편은 짝수 번지수로 된 집들이 있고, 바로 맞은편은 홀수 번지수로 된 집들이 있단다. 우리 집과 아이스크림 가게 모두 홀수 번지수이니 길을 건너갈 필요가 없는 거지. 자, 이제 아이스크림을 먹자꾸나!"

전부 다 그렇게 쉬운 건 아니에요

➡ 이탈리아의 피렌체에서는 건물 용도에 따라 번지수 색깔이 달라요. 가정집은 검은색, 상업 및 공공건물은 빨간색으로 표시하죠. 그래서 검은색 32번지에 있는 집과 빨간색 34번지에 있는 아이스크림 가게는 같은 구역에 속한 것처럼 보여도 꽤 멀리 떨어져 있을 수 있답니다.

➡ 이탈리아의 베네치아는 번지수가 너무나 복잡해서 오직 우편배달부만 길을 찾을 수 있다고 해요.

➡ 독일 베를린의 어떤 거리는 말굽 모양으로 번지수를 매겨요. 인도가 끝날 때까지 숫자가 커지고, 거기서 길을 건너 다시 되돌아 내려오는 동안에도 숫자가 계속 커지는 거예요. 예를 들어 샤른베버 거리에서 마지막 번지인 160번지의 맞은편은 1번지예요.

➡ 일본 어떤 도시에 있는 집들은 건축된 순서대로 번지수가 매겨져 있어요.

17:30

우리가 아이스크림 가게에 도착했을 때 한 아주머니가 아이스크림 1리터를 주문하고 있었어요. 아이스크림 가게 주인아저씨가 아이스크림은 킬로그램 단위로 판매한다고 대답하자 아주머니가 질문했어요.

"1리터는 1킬로그램과 같지 않나요?"

"**1리터의 무게는 그게 무엇인지에 따라 다르단다.** 플라스틱 병에 든 생수 1리터의 무게에서 플라스틱 병의 무게를 빼면 1킬로그램이 나가. 반면에 그 병이 가솔린으로 채워져 있다면 그 무게는 대략 700그램 정도에 불과하지. 만약에 우리가 아이스크림으로 그 플라스틱 병을 채운다면 아이스크림에 따라 무게는 매우 달라질 테지만 언제나 1킬로그램보다는 적게 나갈 거란다. 왜 그러냐고? 아이스크림에는 크림이나 우유, 설탕 말고도 공기가 들어 있거든. 공기는 아이스크림을 부드럽게 할 뿐만 아니라 더 커다랗게 만들기도 해. 저렴한 아이스크림에는 비용을 줄이기 위해 공기를 많이 넣지. 그래서 그런 아이스크림 1리터는 겨우 500그램에 불과하단다. 최상 품질의 아이스크림은 무게가 꽤 더 나가지. 하지만 좋은 품질의 아이스크림이건 그렇지 않건 아이스크림 1리터는 물 1리터보다는 틀림없이 무게가 덜 나간단다. 그래서 아이스크림이 물 위에 뜨는 거지."

진짜 순금 확인법

고대 그리스의 히에론 왕은 어느 날 새 왕관을 만들었어요. 왕은 새 왕관이 순금으로 만들어진 건지 궁금했죠. 그래서 학자인 아르키메데스에게 왕관이 순금으로 만들어졌는지 확인하라고 했어요. 아르키메데스는 왕관 무게와 똑같은 무게의 순금을 준비했어요. 그러고는 물이 가득 담긴 그릇에 왕관과 순금을 각각 넣어 보았죠. 넘치는 물의 양이 같아야 했거든요. 둘 다 순금이라면 무게가 같을 때 부피도 같으니까요. 그런데 왕관 쪽 그릇의 물이 더 많이 넘쳤어요. 이 실험으로 아르키메데스는 왕관과 순금의 부피가 다르다는 것을 확인했죠. 다시 말해 왕관을 만든 사람이 왕이 준 순금의 일부를 다른 물질로 바꿔치기했던 거예요.

액체 금속 수은

수은은 상온에서는 액체인 무거운 금속 덩어리예요. 수은 1리터는 13킬로그램 이상의 무게가 나가죠. 잘 이해가 안 된다고요? 온도계의 몸체 안에 담겨서 온도를 표시하는 수은을 떠올려 봐요.

17:40

마르코스는 아이스크림콘을 주문했어요.
나는 아이스크림 값을 계산하러 가면서
100페소*짜리 지폐를 꺼내 마르코스 앞에
척 내밀었어요.

"지폐와 '강아지' 라는
단어의 공통점이 뭘까?"

* 아르헨티나의 화폐 단위. 1페소는 약 300원이다.

1
2
3
4

"만약에 내가 '강아지'라고 말하면 모두들 내가 무엇에 대해 말하는지 알지. 비록 너는 덩치 큰 도베르만을 생각하고, 나는 자그마한 치와와를 생각하고, 아이스크림 가게 주인아저씨는 벼룩이 득실대는 강아지를, 아까 그 아주머니는 아주 우아한 강아지를 떠올리더라도 말이야. '강아지'라는 단어는 우리가 떠올리는 모든 강아지들을 이 단어 속에 가두지. 100페소짜리 지폐 한 장과도 이와 비슷한 일이 생긴단다. 이 지폐는 색연필 한 상자, 정어리 캔 두 개, 아이스크림콘 하나, 또는 특정한 한 사람의 한 시간 동안의 노동 등과 같이 100페소의 가치를 갖는 모든 것을 대표하는 작은 종잇조각인 거야. 이를테면 아주 큼지막한 가방 안에 100페소짜리인 것들이 한가득 들어 있어서 100페소짜리 지폐 한 장만 있다면 너에게 필요한 것을 하나 꺼내 갈 수 있다는 말이란다. 이러한 개념은 수학에서 많이 이용되지. 수학적으로 표현하면 **지폐**를 가방 안에 있는 모든 것들의 **대표**라고 말한단다."

지폐, 금, 달팽이, 소금, 후추의 공통점은 무엇일까요?

역사를 살펴보면 각양각색의 물건이 가치를 측정하는 데 사용되었어요.

→ 금은 아주 옛날 옛적부터 사용되었어요.

→ 옛 중국과 인도에서는 바다 달팽이의 한 종류인 카우리 조개 껍데기를 사용했어요.

→ 마야인들은 소금을 화폐로 사용했고, 고대 로마군은 식량을 보존하기 위해 급여의 일부를 소금으로 받았어요. 스페인어로 소금은 '살(sal)'이고 급여는 '살라리오(salario)'예요. 고대 로마군이 소금을 급여로 받은 것에서 영향을 받아 '살라리오'라는 단어가 만들어진 거죠.

→ 고대 그리스 상인들과 고대 로마인들은 교역을 위해 후추를 이용했어요.

18:00

"밖에 나온 김에 달걀을 사러 가자꾸나."
내가 말했어요.
리터 단위로 아이스크림을 사고 싶어
했던 아주머니로부터 영향을 받았는지
마르코스가 이렇게 질문했어요.

"달걀은 왜 12알씩 팔아요?"

"옛날 옛적에는 물건을 팔 때 물건의 개수를 단위로 해서 팔았어. 사과 두 개, 갈빗대 두 대처럼 말이야. 그래서 큰 사과 두 개 가격과 작은 사과 두 개 가격이 같았지. 그러다 상인들이 저울을 갖게 되자 물건의 무게를 재서 팔기 시작했어. 달걀 등 몇몇 물건은 예외였지. 쉽게 깨지는 것들은 깨뜨리지 않고 무게를 재는 게 어려웠기 때문이야. 그럼 달걀같이 무게를 재기 어려운 물건들은 얼마큼씩 파는 게 가장 좋을까? 지금 달걀이 12알씩 팔리는 까닭은 예로부터 전해 내려오는 관습 때문이기도 하지만 수학도 영향을 끼쳤단다. 지금은 계산기가 있어서 계산하는 게 쉽지만 옛날에는 계산하는 게 어려웠어. 그래서 나누기 쉬운 숫자들이 주로 사용되었지. 대표적인 숫자가 바로 12란다. 12는 2, 3, 4, 6으로 나누어떨어지거든. 이렇게 **많은 숫자들로 나누어떨어지는 숫자일수록 계산하기 쉽지.** 그래서 달걀을 12알씩 파는 거야. 시간은 60분으로 되어 있지? 60은 2, 3, 4, 5로 모두 나누어떨어지는 가장 작은 숫자란다. 그래서 1시간을 60분으로 정한 거야. 계산하기 편하니까. 그러면 왜 달걀은 60알씩 안 팔까? 달걀의 경우 12알씩 파는 게 훨씬 좋아. 네가 시장에 갈 때마다 달걀을 60알씩 사는 건 너무 과할 테니까!"

12개를 한 묶음으로 하는 단위

12개를 한 묶음으로 하는 단위는 12개를 한 묶음으로 하는 것의 12묶음(12×12=144개)인 그로스와 12개를 한 묶음으로 하는 것의 12묶음의 12묶음인 (12×12×12=1728개) 대 그로스가 있어요. 이 단위는 나사, 못, 단추와 같이 아주 작은 물건들을 셀 때 사용돼요.

돈에서도 12개가 한 묶음

영국의 화폐 단위는 파운드 스털링이에요. 줄여서 파운드라고 하죠. 기호는 £예요. 1971년까지 영국에는 실링이라는 화폐 단위가 있었어요. 1파운드는 20실링과 같은 값이었고, 1실링은 12펜스에 해당되었죠. 바로 지금까지 우리가 말한 12개 한 묶음이죠! 그렇지만 12개 한 묶음, 10개 한 묶음이 함께 쓰인 화폐 단위는 계산하는 게 어려웠어요. 그래서 10개를 한 묶음으로 하는 십진법으로 화폐 단위를 통일하기로 했죠. 그 결과 12개를 한 묶음으로 계산하던 실링은 사라졌고 1파운드는 100펜스로 정했답니다.

18:20

집으로 돌아오고 있는데 갑자기 바람이
훅 불어 왔어요.
"우리 둘 다 머리가 헝클어진 채로 집에
도착하겠구나."
"우리 둘 다는 아니에요······."
마르코스는 눈에 띄게 숱이 없는
내 머리를 빤히 쳐다보며 대답했어요.
그러고는 질문했죠.

"머리카락 개수가 똑같은 사람이 있을까요?"

> 일반적으로 사람 한 명은 대략 15만 올의 머리카락을 갖고 있단다. 이 숫자는 머리카락의 형태와 색깔, 당연히 그 머리카락 주인의 나이에 따라서 달라질 수 있어. 어린이든 노인이든, 금발이든 흑발이든, 생머리든 곱슬머리든 어느 누구도 20만 올 이상의 머리카락을 가질 수 없다고 한계를 정해 보자. 이 수치만 있으면 20만 2명 이상의 사람이 살고 있는 도시에서 사람들의 머리카락 수를 일일이 세지 않아도 머리카락 수가 같은 사람이 적어도 두 명은 있다는 것을 쉽게 확인할 수 있어. 왜일까? 머리카락의 개수를 가질 수 있는 경우의 수는 다음과 같기 때문이야.
> 머리카락이 한 올도 없거나, 머리카락을 한 올 가졌거나, 두 올 가졌거나, 세 올 가졌거나…… 이렇게 최대 20만 올의 머리카락을 가졌는지까지 계속 이어지지. 다시 말해 모든 사람이 각기 다른 머리카락 개수를 가질 수 있는 경우의 수는 0부터 20만까지 총 20만 1개란다. 이 도시에는 사람 수가 경우의 수보다 한 명 더 많으니까 모든 사람이 머리카락 개수를 제각각 다르게 가질 수는 없어. 경우의 수가 사람 수보다 적기 때문이지.
> 즉, **머리카락 개수가 같은 사람이 적어도 두 명은 있다는 말이란다!**

머리카락 20만 올

머리카락 0올

우리는 같은 달에 생일이 있어요!

친구 13명이 있다면 틀림없이 적어도 두 명은 같은 달에 생일이 있어요. 왜냐하면 1년은 12달이라서 13명 모두가 제각기 다른 달에 생일을 맞이할 수는 없기 때문이죠. 동일하게 추론해 본다면, 366명이 모인 집단에서는 적어도 두 명의 생일이 같을 거예요. 1년은 365일이라서 모두가 서로 다른 날짜에 생일을 맞이하는 것이 불가능하거든요. 2월 29일이 생일인 사람은 예외예요. 왜냐하면 이날 태어난 사람들은 자기 생일을 2월 29일로 생각하거나, 2월 28일 또는 3월 1일로 여기기 때문이죠.

18:30

집에 도착할 무렵 갑자기 하늘이 어두컴컴해졌어요. 마르코스의 표정도 같이 어두워졌길래 일기 예보에서 들은 내용을 전해 주었죠.
"걱정 말렴. 일기 예보에서 오늘 비 올 확률이 40퍼센트밖에 안 된다고 했단다."
그러자 마르코스는 알고 싶어 했어요.

"비 올 확률은 어떻게 계산하나요?"

> 일기 예보관들은 비는 물론이고 날씨와 관련된 갖가지 문제를 조사하는데 이 역시 **수많은 계산을 필요로 한단다**. 우리 도시에서도 일기 예보관들이 밤낮으로 온도, 기압, 바람의 세기와 방향, 습도, 구름의 형태와 종류 등의 대기 정보를 계속 측정하고 살펴보지. 그리고 비가 내렸는지 내리지 않았는지도 기록해. 그래서 오늘 비 올 확률이 얼마나 되는지 예보하고자 할 때 현재의 날씨 정보를 고려하는 동시에 오늘과 아주 비슷한 날씨 상태를 가졌던 다른 날들에 비가 왔는지 오지 않았는지에 주목한단다. 만약 오늘과 비슷한 날씨 상태를 가졌던 100일 중에서 오직 40일만 비가 왔다면 오늘 비 올 확률은 40퍼센트가 되는 거야."

100번의 비슷한 날이 없었다면요?

'백분율'이란 기준량을 100으로 했을 때 차지하는 비율을 말해요. 기호로는 '%'로 나타내죠. 그렇다고 해서 반드시 뭔가가 100번 측정됐다거나 100개의 사례가 있다는 걸 의미하지 않아요. 만약 여러분의 친구 중 20퍼센트가 글씨를 왼손으로 쓴다면 이건 여러분에게 20명의 왼손잡이 친구가 있다는 뜻이 아니라 다섯 명의 친구 중 한 명이 왼손으로 글씨를 쓴다는 것을 의미해요. 10명 중 두 명, 20명 중 네 명, 1000명 중 200명이 왼손잡이인 셈이죠!

18:45

갑자기 친구에게 전화가 왔어요. 나는 내가 전화 통화를 하는 동안 마르코스가 좀 더 수학과 가까워지길 바랐죠. 그래서 생각할 거리를 던져 주었어요.
"달까지 닿으려면 얼마큼의 종이가 필요할까?"
통화가 끝나자 나는 프린트기에서 종이 한 장을 꺼내 들고 이렇게 말했어요.
"이거면 충분하고도 남는단다."

"종이 한 장으로 달에 닿을 수 있다고요?"

종이접기가 그렇게 쉽지는 않아요

안타깝게도 종이를 접을 수 있는 횟수는 적어요. 거듭해서 접을 수 있는 최대 횟수는 여덟 번이라고 오랫동안 여겨져 왔죠. 그런데 2012년에 미국 한 대학의 학생들이 종이를 13번 접는 기록을 세웠어요. 그 기록을 달성하기 위해서 16킬로미터짜리 기다란 화장지 조각을 사용했죠!

> 만약에 네가 종이를 반으로 접고, 접힌 종이를 다시 반으로 접고, 이런 식으로 계속해서 여러 차례 반으로 접고 또 접는다면, 종이의 두께는 아주 빠르게 두꺼워질 거란다. 예를 들어 종이를 일곱 번 접고 나면 256쪽짜리 책 두께만큼 두꺼워질 거야! 종이 한 장의 높이가 0.1밀리미터 정도인데, 한 번 접을 때마다 높이가 두 배씩 높아지거든? 그러니 일곱 번 접은 종이의 높이는 0.1에 2를 일곱 번 곱한 값인 ($0.1 \times 2 \times 2 \times 2 \times 2 \times 2 \times 2 \times 2 = 12.8$) 12.8밀리미터라고 나오지. 종이에 따라 다르긴 하겠지만 250쪽짜리 책 두께가 13밀리미터 정도이니 비슷하지? 만약 계속해서 종이를 접고 또 접는다면 42번 접었을 때의 높이는 대략 43만 9800킬로미터가 될 거고, 우리가 있는 지구와 달 사이에 놓인 38만 4400킬로미터의 거리를 훨씬 더 웃돌게 된단다. 다시 말해 **달의 분화구를 간지럽히려면 종이 한 장을 42번 접는 것만으로도 충분하고 5만 5000킬로미터의 종이도 남게 된다**는 거지. 5만 5000킬로미터는 달의 둘레를 다섯 바퀴 돌고도 남을 정도의 거리란다."

19:00

마르코스는 TV에서 하는 <도마뱀 코야의 모험>을 보고 싶어 했어요. 프로그램이 시작하기를 기다리는 사이에 나는 그 프로그램을 잘 아는 척했어요.
"그 프로그램 시청률 높더라."
그러자 마르코스가 내게 질문했어요.

"시청률이 뭐죠?"

" 시청률이란 어떤 시간대에 얼마나 많은 TV가 특정한 채널을 틀고 있는지를 가늠하는 숫자란다. 비 올 확률처럼 백분율이기 때문에 언제나 0에서 100 사이의 숫자가 되지. 만약에 TV가 있는 100가구 중에 <도마뱀 코야의 모험>을 시청 중인 가구가 정확히 20가구라는 사실을 안다면 <도마뱀 코야의 모험>의 시청률은 20퍼센트라고 볼 수 있단다. 만약 내가 200가구의 정보를 갖고 있고, 그중 44가구가 이 프로그램을 보고 있다면 200의 절반인 100가구 중에서는 44의 절반인 22가구가 이 프로그램을 보고 있다고 판단할 수 있지. 이 경우 시청률은 22퍼센트가 되는 거야. 시청률을 조사하는 회사들은 전화 설문을 하거나 몇몇 집의 TV 수상기에 특수 측정기를 연결해서 프로그램의 시청률을 조사해. 이러한 조사는 각각의 프로그램이 방영되는 동안 어떤 종류의 광고를 얼마큼이나 내보낼지 결정하는데 이용된단다. 시청률이 많이 낮으면 곧바로 해당 프로그램을 종영시키기도 해."

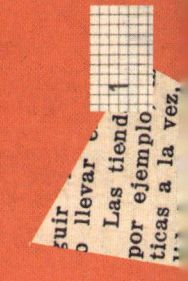

시청률 기록

한국 사람들은 드라마를 많이 봐요. 요즘에는 시청률 20퍼센트만 넘겨도 대박 드라마 소리를 듣지만 예전에는 시청률 50~60퍼센트를 넘는 드라마가 꽤 있었답니다. 그중 가장 높은 시청률을 기록한 드라마는 1996년 9월에서 1997년 4월까지 방영된 <첫사랑>이에요. <첫사랑>의 최고 시청률은 무려 65.8퍼센트였습니다. 2000년대 이후에 방영된 드라마 중에서는 <대장금>이 최고 시청률 55.5퍼센트를 기록하며 큰 사랑을 받았죠.

19:30

나는 좀 더 수학에 대해 탐구하고 싶었어요.
그래서 마르코스에게 지도 한 장과 색연필 네 자루를 건넨 다음 나라마다 서로 다른 색깔로 칠해 보라고 했죠.
"몇몇 나라들은 같은 색깔로 칠해지고 말겠네요."
마르코스가 투덜댔어요.

"지도를 색칠하려면 몇 가지 색깔이 필요할까?"

"아주 오래 전인 1852년에 수학을 공부하던 한 학생의 머릿속에 문득 질문 하나가 떠올랐단다. '이웃한 두 지역이 같은 색깔로 칠해지지 않도록 지도를 색칠하려면 최소한 몇 가지 색깔이 필요할까?' 그 학생은 네 가지 색깔이 필요할 거라고 확신했지만 증명을 못했어. 수많은 수학자들, 그리고 일부 아주 유명한 사람들까지도 그 학생과 똑같은 문제를 연구했지만 설명할 수가 없었지. 하지만 모두가 네 가지 색깔이면 충분하다고 확신했어. 이 문제는 그 학생이 처음 질문을 떠올린 때로부터 100년도 넘게 지난 1976년이 되어서야 증명되었단다. 수학자인 케네스 아펠과 볼프강 하켄이 컴퓨터 프로그램으로 수많은 경우를 분석했고, 마침내 **네 가지 색깔이면 충분하다**는 것을 확인했지."

세 가지 색깔로는 안 돼요

아래에 있는 지도처럼 네모 나라가 네 개의 지역으로 나뉘어 있고 딱 세 가지 색깔로만 칠해져야 한다고 해 봐요. 모든 지역이 서로 접하기 때문에 적어도 두 지역은 언제나 같은 색깔로 칠해지게 되죠.

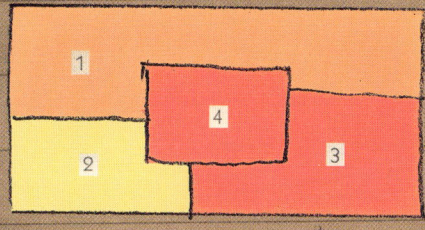

피자 나라는 어떨까요?

피자 나라는 여섯 개의 지방이 모두 한가운데에서 만나요. 아래에 있는 피자 나라 지도에서 이웃한 지역을 서로 다른 색깔로 칠하려면 어떻게 칠해야 할까요? 모든 지방이 중앙에서 만나기 때문에 서로 다른 여섯 개의 색깔로 칠해야 하죠. 하지만 우리는 지도를 색칠할 때 네 가지 색깔로 충분하다고 배웠어요. 지도를 색칠할 때 여섯 개의 색깔이 필요한 피자 나라는 현실에 존재하지 않는 상상 속의 나라랍니다.

19:50

마르코스는 색칠을 끝내자마자 지도의
한쪽 구석 자리에 쓰여 있는 글씨를
큰 소리로 읽었어요.
"축척 1 대 1000만"
그러고는 곧바로 알고 싶어 했죠.

"지도의 축척은
어디에 쓰이나요?"

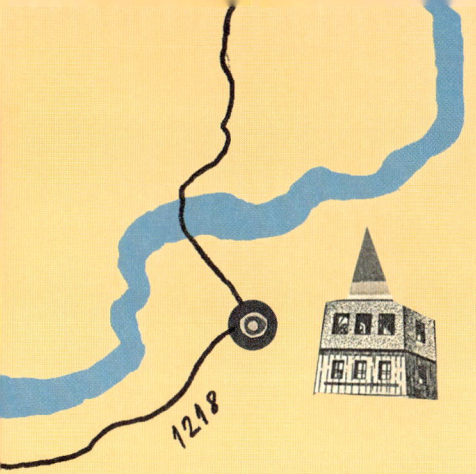

"모든 지도는 대륙이나 국가, 지방, 도시 등 지구의 어느 한 부분을 아주 정확하게 표현하려고 한단다. 그런데 실제 거리대로 지도에 표현할 순 없잖아? 그러려면 엄청 큰 지도가 필요할 테니까. 그래서 축척이 사용되는 거란다. **축척은 지도에서의 거리가 실제 얼마큼의 거리에 해당하는지를 말해 주는 법칙**이야. 만약 축척이 1 대 1000만이라고 한다면 그것은 지도에서의 1센티미터가 실제로는 1000만 센티미터로 측정된다는 의미지. 그래서 지도에서 가까이 있는 두 개의 점이 실제로는 꽤 멀리 떨어져 있는 두 개의 도시를 나타내는 거란다. 만약 그 두 도시가 지도에서 2센티미터 떨어진 곳에 위치해 있다면 두 도시는 2000만 센티미터, 즉 200킬로미터 떨어져 있다는 것을 의미해. 축척은 보통 지도의 가장자리에 표시돼 있지. 막대자로 표시된 축척은 아까 네가 읽은 1 대 1000만과 같이 비례로 나타낸 축척 아래 작은 사각형들로 표시되곤 하는데, 비례로 나타낸 축척과 동일한 정보를 시각적으로 한 번 더 보여 주는 거란다. 작은 사각형 하나가 수 킬로미터에 해당되는 거지."

지도는 정확할 수 없어요

지구는 공처럼 둥글기 때문에 어떠한 평면 지도로도 지구를 정확하게 그려 낼 수는 없어요. 공에서 한 조각을 잘라 그 조각을 다림질한 것과 같다 보니 항상 일부분이 왜곡돼 버리고 말죠. 그래서 대부분의 세계 지도에서 남극과 북극 주변은 다른 지역보다 더 높은 비율로 그려져요. 세계 지도를 보면 북극 가까이에 있는 그린란드가 캐나다와 크기가 비슷해 보일 거예요. 실제 크기는 캐나다가 그린란드보다 네 배 이상 큰데 구를 평면에 그려 넣으면서 생긴 왜곡 때문에 그렇게 보이는 거죠.

20:00

축척을 설명하며 너무 큰 숫자를 다룬 걸까요? 지루했는지 마르코스가 갑자기 조르더군요.
"재미있는 이야기 들려주세요."
"그래, 알았다. 하지만 수학과 관련된 전설인데……."

"수학에도 전설이 있나요?"

" 옛날에 튀로스라는 나라가 있었어. 튀로스의 왕 벨로스가 죽자 아들 피그말리온이 벨로스에 이어 왕이 되었단다. 피그말리온은 왕에 적합한 인물이 아니었어. 너무나 야심 차고 사악했거든. 피그말리온은 아름다운 여동생 디도와 디도 남편의 재산을 몽땅 빼앗아 버릴 생각으로 그들을 죽이라 명령했어. 디도는 겨우 목숨을 건져서 자신의 어린 여동생, 그리고 몇몇 젊은이들과 아프리카로 도망쳤지. 그곳에서 디도는 원주민들에게 소가죽 한 장으로 덮을 만큼만 땅을 달라고 부탁했어. 소가죽의 크기가 작은 것을 확인한 원주민 통치자는 디도의 제안을 받아들였지. 하지만 디도는 소가죽을 아주아주 가느다란 조각으로 잘랐고, 그 조각들을 이어 묶어 기다란 끈으로 만들었단다. 여기에 첫 번째 수학 개념이 있어. 소가죽 한 장, 아니 그 어떤 천이라도 그것으로 **끈을 최대한 길게 만들려면 천을 최대한 가늘게 잘라야 한다**는 거야. 예를 들어 한 변이 1미터인 네모난 천을 너비 1밀리미터인 조각으로 자른다면 너는 1킬로미터 길이의 끈을 얻을 수 있겠지. 이것보다 더 긴 끈을 갖고 싶으면 천을 더 가늘게 자르면 돼. 물론 실제로 이렇게 하긴 힘들어. 왜냐하면 네가 원하는 만큼 천을 가늘게 가르는 건 어렵기 때문이지. 그저 아이디어가 그렇다는 거야."

디도의 수학

만약에 여러분이 어떤 사각형의 넓이는 그대로 두고 모양만 바꾼다면 사각형이 가늘어질수록 길이는 더 길어질 거예요.

혈관의 길이

만약에 여러분의 몸속에 있는 모든 정맥과 동맥을 하나의 줄로 잇는다면 대략 12만 킬로미터가 될 거예요.

20:10

"그 끈으로 어떻게 했어요?"
마르코스는 뒷이야기를 알고 싶어 했어요.
그 질문에 답하려면 그 전에 먼저 다른
질문에 답해야 했죠.

"원은 뭐가 특별하죠?"

"디도는 소가죽으로 만든 끈으로 지중해 해안에 원을 그렸고, 그곳에 카르타고를 세웠단다. 카르타고는 훗날 눈부시게 발전했지. 아무튼 디도의 결정은 최고였어. 왜냐하면 **끈으로 둘러쌀 수 있는 모든 형태 가운데서 원이 가장 넓은 면적을 갖기 때문**이야. 바로 이것이 디도의 이야기에서 알 수 있는 두 번째 수학 개념이란다. 만약에 네가 같은 길이의 종이띠로 사각형, 삼각형, 마름모, 원 등 서로 다른 모양의 도형을 만들어 본다면 그 도형들의 테두리 길이는 모두 똑같을 거야. 도형의 테두리를 도형의 둘레라고 하지. 카르타고 건설 이후 수학자들은 같은 둘레를 가진 도형들 중에서 가장 넓은 넓이를 가진 도형은 원이라는 것을 확인했단다. 브라보, 디도!"

종이띠 대신 공

디도의 결정이 왜 최고였는지 고무공으로 한 번 더 확인해 볼까요? 고무를 잡아당기는 것을 제외하고 가능한 모든 모양으로 고무공의 형태를 바꿔 보세요. 다른 모양일 때보다 둥근 모양일 때 고무공 안에 공기가 가장 많답니다. 하나의 고무공을 갖고 변형했기 때문에 아무리 다양한 모양이어도 겉넓이는 같겠죠? 둘레가 같은 경우 가장 넓이가 넓은 도형은 원이기 때문에 이 경우에도 둥근 모양일 때 부피가 가장 크고, 그 안에 가장 많은 공기가 들어갈 수 있는 거죠.

20:30

"내가 특별 요리를 해 주마. 바로 피데오 수프*!"
내 말을 들은 마르코스는 갑자기 진지해지더니 내게 질문했죠.

"수학자는 무얼 할 줄 알죠?"

★ 가늘고 길이가 짧은 국수인 피데오가 들어 있는 수프

"너도 이미 깨달은 것처럼 수학은 우리가 사는 세상 거의 모든 곳에 존재한단다. 쇼핑할 때도, 요리법을 따라 음식을 만들 때도, 승부를 겨룰 때도, 건물을 세울 때도, 비행기를 만들 때도, 우주여행을 계획할 때도, 지도를 그릴 때도, 날씨를 예보할 때도, 의사 선생님을 만나러 갈 때도, 비디오 게임을 만들 때도…… 무척 많아서 밤새 이야기해도 모자라지. 이런 까닭에 우리는 학교에서 수학을 배우고, 나중에 직업을 갖게 되면 각자의 일을 잘 해내기 위해 수학을 공부하는 거야. 하지만 각 분야의 전문가들이 자기 분야에서 사용하는 수학을 공부하거나 잘 알더라도 가끔은 계산이 복잡하거나 어떻게 풀어내야 할지 모르는 문제들이 나타나. 바로 그때 수학자가 짠 하고 등장해서 문제를 해결해 주지! 이렇게 **수학자는 사람들을 가르치고, '알려진' 문제들을 푸는 일을 한단다.** 또한 아직 풀리지 않은 문제들을 풀기 위해서 새로운 전략을 짜고, 해답을 갖고 있지 않은 질문들에 대답하려고 하지."

비록 그렇게 보이지는 않더라도

수학은 이미 다 만들어져 있는 게 아니에요. 언제나 새로운 계산, 새로운 결과, 새로운 개념이 나오죠.

21:00

나는 수프가 완성되자마자 그릇에 듬뿍 담아 내놓았어요. 마르코스는 수프를 먹는 대신 숟가락으로 천천히 휘젓더군요. 그리고 질문했어요.

"피데오 수프에는 얼마나 많은 피데오 국수가 들어 있나요?"

" 그걸 알고 싶으면 국수를 한 가락씩 꺼내 그 수를 일일이 세어 보면 되지. 아주 오래 걸리고 지루하겠지만 말이야. 조금 덜 정확하지만 훨씬 더 빠른 방법도 있어. 바로 네가 어림셈을 해 보는 거야. 어림셈을 한번 해 볼까? 수프를 계량컵에 부어 수프가 몇 밀리리터 들어 있는지 확인해 봐. 그다음 국수 가락이 골고루 나뉘도록 수프를 휘휘 젓고서 조금만 떠 보렴. 마시는 시럽 약에 같이 들어 있는 10밀리리터짜리 계량 숟가락을 사용하면 편할 거야. 이제 너는 계산을 할 수 있어. 만약에 피데오 수프 10밀리리터에서 여덟 개의 국수 가락을 찾았다면, 10배 많은 100밀리리터에는 대략 80개의 국수 가락이 있을 거란 걸 추측할 수 있겠지? 만약에 그릇의 용량이 400밀리리터라면 대략 320개의 국수 가락이 들어 있을 거란다. 이 방법은 어마어마한 수를 하나하나 세는 게 어려울 때 주로 사용돼. **정확한 수량을 알 수는 없지만 어림수는 알 수 있지.**"

피데오 국수뿐만이 아니에요

건강 상태가 좋은지 확인하기 위해서 가끔은 우리 혈액 안에 있는 적혈구의 양을 알아볼 필요가 있어요. 적혈구의 양을 알아보기 위해서 전문가가 혈액의 견본을 추출하고, 거기서 아주 일부분을 떼어 내요. 그다음 기계가 아주 일부분의 혈액 안에 얼마나 많은 적혈구가 들어 있는지 계산하죠. 이 계산으로 견본 1세제곱밀리미터 안에 몇 개의 적혈구가 들어 있는지 쉽게 어림셈할 수 있어요. 여덟 살 어린이는 혈액 1세제곱밀리미터당 380만 개에서 480만 개의 적혈구가 있는 것이 적당해요. 성인은 그 수가 더 크죠. 적혈구를 하나하나 다 세는 것은 불가능해요!

21:30

수프로 많은 실험을 하고 나니 수프는 먹을 수 없게 되었어요. 다행히 냉장고에 치즈와 토르티야가 있어서 우리는 신나게 나누어 먹었죠. 식사가 끝나자 나는 잔을 들고 말했어요.
"오늘 같은 하루가 또 반복되니 축배를!"

바로 그때 마르코스의 엄마가 초인종을 눌렀어요. 벨이 울리는 사이에 마르코스가 덧붙였어요.
"저는 수학을 위해 축배해요. 왜냐하면 오늘 위대한 발견을 했거든요.

바로 수프 속에도 수학이 있다는 거예요!"

백분위 2 비디오 게임 계산

윤년 어림셈 19 통계
광년 둘레 무게 측정
054871
나누어떨어지는 거리 구골
각도 핸디캡 결과 전략
10 용량
게임 리터 킬로그램 21
대표 확률
퍼센트 292 시청률 축척
사각형 12개 한 묶음 원

조금 더 알고 싶다면 다음을 참고하세요

· 네이버 스쿨잼 수학 blog.naver.com/naverschool

네이버에서 운영하는 초등학생을 위한 창의력 놀이터예요. 수학뿐만 아니라 다양한 지식, 정보를 얻을 수 있어요.

· EBS Math www.ebsmath.co.kr

EBS에서 운영하는 자기주도 수학 학습 지원 사이트예요. 영상, 웹툰, 게임 등 다양한 방법으로 수학 공부를 할 수 있어요.

글 후안 사비아

1962년에 부에노스아이레스에서 태어났어요. 어릴 때부터 수수께끼, 십자말풀이, 실험, 사물의 이치에 대해 설명하는 책들을 좋아했어요. 지금은 부에노스아이레스대학교의 교수이자 연구원이에요. 수학 박사이자 영어 교수랍니다. 학교 교재로 여러 권의 책을 썼고, 어린이들을 위한 소설과 어른들을 위한 단편 소설집도 썼어요. 이 책은 어린이들에게 수학을 쉽게 알려 주기 위해 쓴 첫 번째 책이랍니다.

그림 파블로 피시크

1978년에 부에노스아이레스에서 태어났어요. 그림 그리고, 색칠하고, 물건 만드는 일을 하고 있답니다. 학창 시절에는 숫자나 수학 공식, 계산 그리고 특히 제곱근에 공포증을 갖고 있었어요. 하지만 세월이 흐르면서 수학이 우리 일상의 일부를 이루고 있다는 것을 알게 되었고, 조금씩 수학을 사랑하는 방법을 배워 갔어요. 물론 암산할 때 여전히 좀 힘들지만 말이에요.

옮김 최유정

덕성여자대학교 스페인어과를 졸업하고 서울대학교 서어서문학과 대학원에서 공부했어요. 지금은 서울대학교와 연세대학교에서 학생들에게 스페인어를 가르치며 스페인어권 문학과 문화를 소개하고 있답니다. 스페인어 전문 번역가로도 활동 중이에요. 제6회 한국문학번역 신인상을 수상했고요. 옮긴 책으로는 『행복한 죽음』(공역), 『라틴아메리카 국민국가 기획과 19세기 사상』(공역), 『표류자들의 집』, 『망할 놈의 수학』, 『영원한 젊음』 등이 있답니다.

감수·추천 이동환

서울대학교와 같은 대학원에서 수학 교육을 공부했어요. 한국과학창의재단, 한국교육과정평가원을 거쳐 현재 부산교육대학교에서 예비 교사들에게 수학 교육을 가르치고 있어요. 체험이 우리 아이들에게 '수학의 힘'을 길러 주는 가장 좋은 방법이라는 신념으로 체험과 탐구 중심의 수학 교육을 실천하고 있답니다.

교과 연계

| 3-1 수학 | 5. 길이와 시간 | 14:10 | "윤년은 왜 있나요?"(8-9쪽) |

3-2 수학	3. 원	20:10	"원은 뭐가 특별하죠?"(40-41쪽)
	5. 들이와 무게	17:30	"1리터는 1킬로그램과 같지 않나요?"(20-21쪽)
	6. 자료의 정리	17:15	"거리의 숫자들은 어떤 정보를 주나요?"(18-19쪽)

| 4-1 수학 | 1. 큰 수 | 14:30 | "광년이 뭘까?"(10-11쪽) |
| | | 19:50 | "지도의 축척은 어디에 쓰이나요?"(36-37쪽) |

5-1 수학	2. 약수와 배수	14:10	"윤년은 왜 있나요?"(8-9쪽)
		18:00	"달걀은 왜 12알씩 팔아요?"(24-25쪽)
	3. 규칙과 대응	16:30	"체스에도 수학이 있는 건 아니죠?"(16-17쪽)
		18:45	"종이 한 장으로 달에 닿을 수 있다고요?"(30-31쪽)
	6. 다각형의 둘레와 넓이	20:00	"수학에도 전설이 있나요?"(38-39쪽)

| 5-2 수학 | 6. 평균과 가능성 | 18:30 | "비 올 확률은 어떻게 계산하나요?"(28-29쪽) |
| | | 19:00 | "시청률이 뭐죠?"(32-33쪽) |

| 6-1 수학 | 4. 비와 비율 | 14:00 | "백분위가 뭘 보여 주는지 아니?"(6-7쪽) |
| | | 19:50 | "지도의 축척은 어디에 쓰이나요?"(36-37쪽) |

| 6-2 수학 | 4. 비례식과 비례 배분 | 21:00 | "피데오 수프에는 얼마나 많은 피데오 국수가 들어 있나요?"(44-45쪽) |
| | 5. 원의 넓이 | 20:10 | "원은 뭐가 특별하죠?"(40-41쪽) |

※ 2019년 개정 교과서 단원명으로 정리하였습니다.